M. SERINGA,

OU

LA FLEUR DES APOTHICAIRES.

On trouve chez Mme. CAVANAGH, LE DERNIER CHAPITRE DE MON ROMAN, 1 vol. in-12, fig. 1 fr. 50 c. (30 s.). — La 2e. édition va bientôt paroître.

LUDOLFF D'ASSEN, ou L'ENTHOUSIASTE CORRIGÉ; par *Bilderbeck* jeune. 3 vol. in-12. 5 fr.

CRICRIANA, ou *Recueil des Halles*, avec *les Facéties du sieur Turpin*, 1 vol. in-18, fig. 1 f.

MERDIANA, ouvrage qu'on ne peut lire sans *lunettes*, 75 c. (15 s.)

PIÈCES DU THÉATRE-MONTANSIER.

Cric-Crac, ou *l'Habit du Gascon*, par MM. Désaugiers et Jacquelin. 75 c. (15 s.)

Le Mot de l'Enigme, par MM. Chazet, Désaugiers et Lafortelle. 75 c. (15 s.)

Seringa, ou *la Fleur des Apothicaires*. 75 c. (15 s.)

Mad. *Cavanagh* prévient le public, que par arrangement avec M. *Barba*, elle a maintenant la propriété des *Calembourgs comme s'il en pleuvoit*, (Brunétiana), des *Calembourgs de Mad. Angot* (Angotiana), de *Guères de Trois*, suite des deux précédens; *Grivoisiana*, *Eloge du sein des femmes*, etc. ; ainsi que *la Rencontre au Foyer Montansier*.

Elle donne à 75 c. (15 s.) le vol. *la collection* de Grivoisiana, Brunétiana, Angotiana, Guères de Trois, l'Eloge, et la Rencontre.

M. SERINGA,

OU

LA FLEUR DES APOTHICAIRES,

PARADE

En un acte et en prose, mêlée de vaudevilles;

Représentée pour la première fois, sur le Théâtre - Montansier, le 11 Prairial an 11.

Par les Auteurs de Cri-Cri et M. T***.

Unda, unda, unda, unda, unda, unda, accurrite cives !
SENTEUL.

A SÉRINGAPATAM.

Et à Paris, chez Mad. CAVANAGH, ci-devant BARBA, Libraire, sous le passage du Panorama, N°. 5, entre le Boulevard Montmartre et la rue St.-Marc;

Au même Boulevard, sous la terrasse de Frascati, N°. 9;

Et le soir, au Théâtre-Montansier.

AN XI. — 1803.

PERSONNAGES.

M. ANODIN, apothicaire, père de
Célestine . . . . DUBOIS.

SERINGA, garçon apothicaire . . BRUNET.

BROSSART, peintre d'enseignes. TIERCELIN.

SAINT-FIRMIN, jeune étudiant en
médecine, et amant de Célestine. AUBERTIN.

CÉLESTINE, fille d'Anodin. Mme. DROUVILLE.

Le Docteur REQUIEM, médecin,
oncle de Saint-Firmin. . . . . BONIOLI.

(La scène se passe dans un carrefour ; à la droite du spectateur est la maison d'Anodin, contre laquelle est posée une échelle, dont les extrémités portent sur un échafaud. Au-dessus de l'échafaud et sous la fenêtre de la maison, on voit une enseigne ébauchée ; près de la porte, des pots de couleurs, etc.)

SERINGA,

OU

LA FLEUR DES APOTHICAIRES.

SCÈNE PREMIÈRE.

SERINGA seul. (*En perruque et en tablier ; il est assis à la porte, occupé à piler des drogues dans un mortier couvert d'un parchemin*).

Allons, mon ami Seringa, courage, débite des drogues et ta fortune est faite. .

AIR : *J'ons un curé patriote.*

Oui, ta fortune est certaine,
Si tu sais bien calculer.
Avec des simples, sans peine,
L'homme adroit peut se doubler.
Dans peu, ton heureux mortier
Coutera cher au quartier.
Pile encor, (bis)
Pile, pile, c'est de l'or ;
Oui pile, pile, c'est de l'or.

D'honneur, ton pouvoir égale
Celui du plus puissant Roi ;
La pierre philosophale
N'est plus un secret pour toi.
Un brin d'herbe sous ta main
En or se change soudain.
Pile encore, (bis)
Pile, pile, fais de l'or ;
Oui, pile, pile, fais de l'or.

Quand je songe à la facilité que les Apothicaires ont de s'enrichir, je suis surpris.... mais vraiment surpris, que tout le monde ne se fasse pas Apothicaire. Pourtant, ce n'est pas la seule envie de m'enrichir, qui m'a poussé dans la pharmacie du père Anodin. Belle Célestine, c'est mon amour pour vous qui m'a fait jeter à corps perdu dans les alambics et les serpentins.

AIR : *Bouton de rose.*

L'amour fait faire
Mille sottises, chaque jour :
Rien ne déplait, quand on veut plaire,
Et je me suis fait, par amour,
Apothicaire.

Comme la passion développe un jeune homme ! On m'a toujours dit que je n'étois qu'une bête , et Monsieur Anodin trouve que j'ai le talent requis dans mon état. Il est vrai que ce métier-là donne moins de peines que de profits.

AIR : *Décacheter sur ma porte.*

Piler , broyer sur ma porte,
Les herbes que l'on m'apporte,
   Mêler chaque liqueur ,
D'après l'ordonnance d'un docteur ,
A déjeûner ça rapporte.   (Ter).

Chez un voisin, si je porte,
Phiole. pillule , ou........ n'importe ,
   Faire, en garçon discret ,
Payer le remède et le secret,
A dîner ça me rapporte.   (Ter).

Chez un autre, si je porte,
Manne en larme , manne en sorte ;
   De casse ou de séné ,
Quand un troisième a bien déjeûné ,
A goûter , ça me rapporte.   (Ter).

Et comme on ne soupe plus à Paris, je suis au courant. Si Mlle. Célestine descendoit , je lui manifesterois mon amour, à présent que je suis seul. Mais, non , son père la fait rester toute la journée dans sa chambre, et je ne pourrai lui parler qu'à la croisée.

SCÈNE II.

SERINGA , ANODIN , (*En robe de chambre et bonnet de nuit*).

ANODIN, *en entrant.*

Ah ! çà , voyons où en est la décoration de ma nouvelle boutique.... Bien ! bien !

SERINGA.

Elle vous coutera bon , papa, la décoration.

ANODIN.

Je sème pour recueillir, mon cher Seringa.

SERINGA.

Il est vrai que déjà les pratiques viennent en foule, et j'ai joué en vous attendant , le rôle de médecin et d'apothicaire tout-à-la-fois.

ANODIN.

Tu auras fait quelque sottise.

SERINGA.

Oh ! que nenni. Il est venu un auteur qui s'est plaint de la chaleur de son imagination. Je lui ai donné des quatre semences froides.

ANODIN.

Il va nous faire des drames.

SERINGA.

Qu'est-ce que ça me fait, je ne vais plus à la comédie. Et puis, il est venu un jeune amoureux que les rigueurs de sa maîtresse rendent malade, et que l'avarice d'un vieil oncle, oblige de prendre tout à crédit Je lui ai conseillé de la racine de patience.

ANODIN.

Qu'il n'a pas payée.

SERINGA.

Non, parce que je m'en doutois, et je lui ai dit d'en aller chercher ailleurs.

ANODIN.

Bien, très-bien.

SERINGA.

Et puis il est venu ce jeune militaire qui souffre encore de sa blessure, demander sa potion.

ANODIN.

Tu ne lui auras pas donné ce qu'il falloit.

Air : *Trouverez-vous un Parlement !*

De vaincre, toujours empressé,
Qu'un Français hazarde sa vie,
Un coup l'atteint... Il est blessé ;
Son sang rougit l'herbe flétrie.
Pour sauver ce vaillant guerrier,
Il n'est qu'une recette sûre :
Au soldat français, le laurier
Suffit pour fermer sa blessure.

SERINGA.

A la bonne heure.

ANODIN. (*Il met ses lunettes, regarde, et fait voir à Seringa*).

Mais vois donc, mon ami, comme c'est frais, comme c'est bien imité! L'alambic, les bocaux, les jarres, le serpent autour du palmier.

SERINGA.

Je vois bien le serpent, je vois bien l'arbre ; mais pourquoi n'a-t-il pas mis Adam et Eve au pied, et des pommes dessus?

ANODIN.

Des pommes sur un palmier.

SERINGA,

Ecoutez donc, je sais l'histoire.

(6)

ANODIN.

Il s'agit bien d'histoire ; tout ce que tu vois-là est le symbole des trois règnes de la nature.

SERINGA.

Les trois règnes de la nature ?

ANODIN.

Comment ! tu ne connois pas cela ? (*Otant ses lunettes, et dans l'enthousiasme*) :

Air : *Femmes, voulez-vous éprouver ?*

Les végétaux, les minéraux,
Tour-à-tour s'offrent à ma vue,
Et des plus rares animaux
Je fais savamment la revue.
Quel sublime état que le mien !
Que de plaisirs il me procure !
Pour l'Apothicaire il n'est rien,
Rien de caché dans la nature   (bis).

SERINGA.

Ah çà, moi, de quel règne suis-je ?.... du végétal ?

ANODIN.

Non, animal.

SCÈNE III.
Les Précédens, SAINT-FIRMIN.

ST.-FIRMIN, *à la croisée du côté de la rue opposé à la boutique de M. Anodin.*

Anodin et Seringa ! Ecoutons et profitons.

SERINGA.

Plus j'y pense, et plus je nous felicite d'être venus nous établir ici.

ANODIN.

Nous périssions rue Taitbout, à cause du voisinage de ce maudit Droguin.

SERINGA.

Dont l'élève, ce mauvais sujet de St.-Firmin, s'avisoit d'en conter à Mlle. Célestine.

ANODIN.

Et qui de plus, nous enlevoit toutes nos pratiques.

Air : *Cette beauté pleine d'attraits !*

Oui, ce malencontreux voisin
Nous a fait plus d'une incartade :
Grâce à lui, tu sais qu'à la fin
Il ne nous restoit qu'un malade.
Encor n'en suis-je pas payé.
Va tantôt chez lui, je te prie :
Il ne peut avoir oublié
Qu'il nous doit une pleurésie.

(7)

S E R I N G A.

Il nous doit aussi une goutte.

A N O D I N.

Ah ! ah ! est-ce qu'il n'a pas payé la goutte ?

S E R I N G A.

Je ne crois pas.

A N O D I N.

Allons, allons, mets la goutte sur le mémoire.

S E R I N G A.

Oui ; s'il paye, j'aurai la goutte pour boire.

A N O D I N.

Mais s'il ne paye pas.

S E R I N G A.

Laissez faire, je ne reviens pas sans la goutte et la pleurésie. (*Il va pour sortir*).

A N O D I N.

Je fais une réflexion : d'un moment à l'autre, j'attends la visite du plus fameux médecin du quartier.

S E R I N G A.

Diable !

A N O D I N.

M. Requiem.

S E R I N G A.

Peste !

ST.-FIRMIN (*à part*).

Mon oncle ! redoublons d'attention !

A N O D I N.

Vois la réponse qu'il vient de me faire. (*Il lit*). A Monsieur Anodin, apothicaire au Pont-aux-Choux. Paris, ce 1er. ventôse. « J'ai reçu, monsieur, votre lettre ; elle me flatte et m'honore tout à la fois. Dès que j'aurai terminé mon compte avec le deuilliste de la section, je vous ferai ma première visite. Nous verrons à établir une relation de commerce et à conférer sur un projet qui nous intéresse également. Salut et santé. REQUIEM. »

ST.-FIRMIN, *à Célestine.*

Fais en sorte qu'ils rentrent ; j'ai à te parler.

C É L E S T I N E.

Attens, attends. (*Elle quitte la croisée*).

S E R I N G A.

Mais quel intérêt il prend à ce qui nous regarde ! je dis nous, car votre pharmacie doit me revenir.

Air : *On se chagrine trop tôt.*
Vous m'avez bien fait entendre
Et promis sur votre honneur,
Que je serois votre gendre,
De plus, votre successeur

ANODIN.

Pour former cette alliance,
Je veux réfléchir encor :
Et quant à ma survivance...
Nous verrons après ma mort.

SERINGA.

Après votre mort !..... et quel âge avez-vous !

(*On entend dans le laboratoire le bruit d'un
vase qui se brise.*)

ANODIN.

Ciel ! une détonnation ! c'est un alambic de perdu ; et ce
catholicum que j'avois sur le feu....

SERINGA.

Allons ramasser les restes. (*Ils rentrent dans la boutique*).

___

SCÈNE IV.
ST.-FIRMIN, *seul.*

Elle m'a entendu à demi-mot, ma chère Célestine ; sans
doute elle va reparoître : il faut que je me borne pour le
moment, à faire conversation avec elle, de ma croisée à la
sienne. Quand j'aurai mis mon projet à exécution.... **Mais**
la voici.

___

SCÈNE V.
CÉLESTINE, SAINT-FIRMIN.

CÉLESTINE.

Comment sais-tu notre nouvelle demeure ?

ST.-FIRMIN.

Un amant perd-il de vue sa maîtresse ?

CÉLESTINE.

Et tu loges ici ?

ST.-FIRMIN.

Depuis hier, au risque d'être découvert par mon trés-
cher oncle Requiem, l'hypocrate du quartier.

CÉLESTINE.

Qui s'étoit fâché contre toi parce que tu voulois étudier
en droit.

ST.-FIRMIN.

Et qui n'a pas jugé à propos de répondre à la lettre par

laquelle je l'informois que j'étudiois en médecine , chez Droguin.

CÉLESTINE.

Pour regagner ses bonnes grâces.

ST.-FIRMIN.

Et te voir plus facilement. Au surplus , il va rendre à ton père , une visite dont je compte profiter avant qu'elle ne soit faite.

CÉLESTINE.

Comment !

ST.-FIRMIN.

Je ne puis t'expliquer cela de si loin.

CÉLESTINE.

Pourtant , je ne puis descendre.

ST.-FIRMIN.

Le peintre doit-il tarder ?

CÉLESTINE.

Cela pourroit être... Il est allé au cabaret. (*On entend fredonner dans la coulisse*). Mais , le voilà.

ST.-FIRMIN.

Ferme ta croisée , ne t'étonne de rien , ne t'allarme de rien ; dans peu tu auras de mes nouvelles.

(*Ils ferment leurs croisées et disparoissent*).

SCÈNE VI.

BROSSART, *un peu gai , arrive en chantant.*

Air : *La bonne avanture.*

Rien , non rien ne rajeûnit
Comme la peinture,
Ce vilain mur s'embellit
Grâce à la peinture :
Vieux minois , vieux bâtiment,
Doivent rendre également
Grâce à la peinture ,
O gué ,
Grâce à la peinture.

Ma foi , vive les enseignes ! elles sont utiles à ceux qui les font , plus encore à ceux qui les font faire ; et M. Anodin a fait sagement en me choisissant pour orner la sienne. (*Montant à l'atelier*). Ah ! çà , mettons-nous à la besogne. J'ai eu plus soif que je ne croyois , et je me suis rafraîchi un peu trop long-tems.

SCENE VII.

BROSSART, SERINGA, *sortant de la boutique, un paquet de pavots à la main, sans voir Brossart.*

SERINGA.

Air : *Jeunes Amans, cueillez des fleurs.*

Eh ! quoi, je pilerois ces fleurs !
Non, non, malgré la médecine ;
Je veux de leurs riches couleurs
Parer le sein de Célestine ;
Elle verra que mes travaux
N'ont pu la bannir de mon ame ;
Et la fraîcheur de ces pavots
Lui peindra l'ardeur de ma flamme.

Elle s'est enfermée chez elle, mais c'est égal ; sa fenêtre est ouverte : profitons de l'absence du peintre. (*Appercevant Brossart*). Le voilà : remettons à tantôt mon présent. (*A Brossart*). Ce n'est pas malheureux que vous soyez revenu du cabaret.

BROSSART.

Du cabaret ! est-ce que cela vous regarde ?

SERINGA.

Non, çà ne me regarde pas ; non, je ne suis pas amou- reux de Célestine ; elle ne m'aime pas, non ; son père Anodin, ne me la donne pas en mariage ; et quand je serai gendre de l'apothicaire, je ne me mêlerai pas de sa boutique : ainsi l'enseigne ne me regarde pas ; non, elle ne me regarde pas.

BROSSART.

Comme tu voudras ; mais je n'ai d'ordre à recevoir que de ceux qui me payent.

SERINGA.

Ce n'est pas moi qui vous paye, non plus ; ce n'est pas moi ; c'est l'homme couvert d'écailles.

BROSSART.

Oh ! par exemple.

SERINGA.

Ecoutez.

Air ; *Du vaudeville du Jockey.*

Anodin qui vous a payé,
Est à-peu-près de ma famille ;
J'ai pour lui beaucoup d'amitié
Et beaucoup d'amour pour sa fille.
Il va bientôt nous marier,
Or, en m'accordant la friponne,
Puisqu'il me fait son héritier,
C'est bien mon argent qu'il vous donne.

BROSSART.

Allons, tiens, laisse-moi tranquille, et pile ton verjus.

SERINGA.

Je dis mon verjus ! de la belle et bonne ciguë.

BROSSART.

Est-ce que je connois quelque chose à tes drogues!

SERINGA.

Je le crois bien , vous avez l'air un peu borné ; mais consolez-vous , *non datur hominibus et cœtera.* Au surplus, mêlez-vous de vos couleurs , et mettez-en de bonnes. Je ne suis pas chymiste pour des prunes , et je suis capable de vous dire de quoi vous composez votre rouge et votre bleu, et je vous le dirai à francs , centimes et décimes.

BROSSART.

Tu es un sot.

SERINGA.

Je vais me fâcher.

BROSSART.

Je n'ai pas peur de toi ; je ne suis pas malade.

SERINGA.

Je croirois pourtant que vous avez la tête un peu lourde.

BROSSART.

Et la main davantage ; veux-tu voir !

SERINGA.

Pourquoi pas , si ça m'amuse !

BROSSART.

Eh ! bien, attends-moi.

SERINGA.

Je t'attends de poing ferme ; descends-donc.

BROSSART , *quittant son ouvrage.*

Je suis à toi.

SERINGA.

Plus vîte que ça.

BROSSART , *descendant.*

Je te ferai prendre couleur assez tôt , va.

SERINGA.

Qu'est-ce qui m'appelle ! (*Il se sauve*).   On y va.

SCÈNE VIII.

BROSSART, seul.

Il a bien fait de s'appeler ; j'allais le mettre au bleu , comme un brochet. Ah ! monsieur le chymiste , tu sais

décomposer les couleurs. Eh! bien, moi, je vais te composer une médecine. Poison pour poison, dont quittance.
(*Il verse dans le mortier un pot de couleur.*)

SCÈNE IX.
BROSSART, SAINT-FIRMIN.

ST.-FIRMIN, *à part.*

Voilà notre homme; comment l'aborder? Flattons son amour-propre (*Il approche de la boutique, et dit assez haut pour être entendu de Brossart*). La belle peinture! quelle savante composition!

BROSSART, *à part.*

Oh! oh! voilà un connoisseur. (*A St.-Firmin*). Monsieur, trouve donc que j'ai passablement réussi...

ST.-FIRMIN.

D'honneur, c'est un petit chef-d'œuvre.

Air : *Lorsque vous verrez un amant.*
Quelle fraîcheur de coloris,
C'est vraiment un tableau magique!
Je suis sûr que dans tout Paris,
On vantera cette boutique.
La critique et tous ses bons mots
N'ont ici rien que l'auteur craigne :
On voit au sallon, des tableaux
Qui ne valent pas votre enseigne.

BROSSART.

En vérité, monsieur, vous me flattez. Je ne sais comment...

ST.-FIRMIN *précipitamment.*

Ecoute, mon ami, tu peux me rendre un important service.

BROSSART.

C'est sans doute une enseigne que monsieur désire; monsieur ne peut pas mieux s'adresser.

Air : *de la Soirée orageuse.*
J'ai cinquante sujets divers,
Et j'attend que monsieur choisisse :
Le grand Turc ou les Barreaux verts,
Le Mameluck ou le Jocrisse;
Le Chat botté, les Eléphans,
Le Trésor, la Femme sans tête,
Le Coq hupé, les deux Marchands,
Les trois Grâces, le Veau qui tette.

ST.-FIRMIN.

Le Veau qui tette, les trois Grâces, ce n'est pas cela qui m'amène...

BROSSART.

Air : *Aussitôt que la lumière.*

Pour fixer vos appanages
Monsieur , fiez-vous à moi ,
Etes-vous prêteur sur gages,
Je peindrai la Bonne-Foi ;
Ou si vous tenez guinguette,
Liqueurs vins et cætera,
Votre enseigne est toute faite,
J'ai les Noces de Cana.

ST.-FIRMIN.

Je ne suis ni médecin, ni apothicaire , ni marchand-de-vin , ni traiteur , ni confiseur , ni usurier ; je n'ai besoin ni de cruche, ni d'arc-en-ciel, ni d'éléphans, ni de veau qui tette. Je suis amoureux de la fille d'Anodin , et je viens te proposer de me servir dans mes amours.

BROSSART.

Fi donc ! fi ! je ne joue pas des rôles comme ça ; un artiste ! Vous vous êtes trompé d'adresse.

ST.-FIRMIN, *finement.*

Eh ! bien , mon vin et mon argent me resteront.

BROSSART, *à part.*

De l'argent et du vin ! (*à St.-Firmin*). S'il ne falloit. employer que des moyens honnêtes.....

ST.-FIRMIN.

Ecoute , te sens-tu capable d'expédier promptement ton homme !

BROSSART.

Hein !

ST.-FIRMIN.

C'est-à-dire de faire le médecin pendant un quart-d'heure !

BROSSART.

N'y a-t-il pas de responsabilité ?

ST.-FIRMIN.

Aucune. Veux-tu me prêter aussi ta place et ton habit !

BROSSART.

Ah ça , mais je ne connois rien à la médecine , moi.

ST.-FIRMIN.

Ni moi à la peinture , cela n'y fait rien.

BROSSART.

Effectivement.

ST.-FIRMIN.

Tu vois donc bien qu'en me prêtant ta place pour un moment....

BROSSART.

Mais pour faire ma besogne , il faut avoir la main sûre comme moi , et si vous gâtez mon ouvrage.

ST.-FIRMIN, *lui montrant une bourse.*

Voici une bourse bien garnie.

BROSSART, *allant pour la prendre.*

A la bonne heure.

ST.-FIRMIN, *la remettant dans sa poche.*

Si je gâte , je paierai.

BROSSART *après avoir fait une grimace.*

Ah ça , mais expliquez-moi du moins...

Fragment de la finale du premier acte des Visitantines.

ST.-FIRMIN.

Si monsieur l'aimoit mieux,
En buvant du vin vieux,
On seroit mieux je pense,
On seroit beaucoup mieux
Pour une telle confidence.

BROSSART.

Monsieur, monsieur, de tout mon cœur.

ST.-FIRMIN.

Nous boirons et vin et liqueur.

BROSSART.

Monsieur j'accepte de bon cœur.

ENSEMBLE.

ST.-FIRMIN.	BROSSART.
Par cet innocent artifice ,	Oui, je me fais un vrai délice
Vous me rendez un vrai service ,	De vous rendre un pareil service.
Cet homme est honnête et discret ;	Je suis prudent , je suis discret ;
Je connois son zèle sincère ;	Comptez sur mon zèle sincère ,
D'un docteur j'ai l'habit tout prêt,	A vous servir je suis tout prêt,
Je te dirai tout ce qu'il faudra faire.	Vous me direz tout ce qu'il faudra faire.

Oui , { je prendrai / tu prendras } d'un vieux docteur,
Le ton grave et l'air d'importance.
Moi quand j'ai bu / Quand on a bu } vin et liqueur,
On est / Je suis } rempli d'intelligence.

SCÈNE X.

CÉLESTINE , *seule , ouvrant sa croisée au moment où St.-Firmin sort avec Brossart.*

St.-Firmin emmène le peintre avec lui , je commence à comprendre.

SCÈNE XI.
CELESTINE, SERINGA.
SERINGA.

Voyons si Célestine est seule , pour lui faire mon petit cadeau. (*Il regarde à la croisée*) Justement. (*Il reprend ses pavots et appelle*). Mamzelle Célestine.

CÉLESTINE.

Qui m'appelle !

SERINGA.

C'est un bouquet de pavots !

CÉLESTINE.

Auprès de votre aimable personne , je vous assure qu'on peut bien dormir sans cela.

SERINGA.

Mamzelle a toujours de jolies choses à me dire , mais il y a bien pis que des pavots dans mon bouquet, il y a aussi du Seringa , et je dis qu'çà ne monte pas à la tête ; au surplus, tenez-vous bien , car je vais vous l'attacher moi-même.

SCÈNE XII.

Les Mêmes, SAINT-FIRMIN, *en peintre , se fait reconnoître de Célestine.*

SERINGA.

Air : *De ta main tu cueilles le fruit.*
D'une main je tiens le bouquet,
Mon autre main tient l'échelle,
Puis j'avance un pied discret
Vers l'autre pied qui l'appelle
Je tiens déjà....

ST.-FIRMIN *ôte l'échelle , Célestine ferme sa fenêtre , Seringa reste suspendu.*
Tiens toi bien:
Mon bon ami, tu ne tiens rien.

SERINGA *se laissant tomber. Il apperçoit St.-Firmin , et s'enfuit.*

Encore le peintre! je suis d'une fureur!... Allons prendre un calmant.

SCÈNE XIII.
SAINT-FIRMIN, CÉLESTINE.
ST.-FIRMIN.

Il ne m'a pas reconnu , remettons l'escalier.
(*Il remet l'échelle , et monte sur l'atelier*).

(16)

CÉLESTINE.

Mais où ce déguisement nous mènera-t-il ?

ST.-FIRMIN.

A t'instruire de mes projets, pour que tu n'y mettes pas d'obstacle.

CÉLESTINE.

Voyons.

ST.-FIRMIN.

Moyennant quelques verres de vin et de grandes promesses, j'ai engagé le peintre à me céder son habit.

CÉLESTINE.

Bon.

ST.-FIRMIN.

Et de plus, à se déguiser lui-même en médecin, pour venir sous le nom de mon oncle Requiem te demander en mariage à ton père pour moi.

CÉLESTINE.

Et ce peintre, où est-il à présent ?

ST.-FIRMIN.

Au cabaret, où je l'ai laissé occupé à sa métamorphose.

CÉLESTINE.

Au cabaret ! j'ai bien peur...

ST.-FIRMIN.

Il m'a promis d'être sobre.

CÉLESTINE.

C'est bon, me voilà au fait ; quand il viendra, je saurai ce qu'il faudra dire ; maintenant retire-toi.

ST.-FIRMIN.

Non pas, il faut que je reste ici sous le costume de Brossard, pour qu'on ne remarque pas son absence, et d'ailleurs je suis bien aise que nous causions un peu.

Air : *fuyant et la ville et la cour,*
Du chagrin qu'ennui peut causer
Et des soucis qu'amour nous cause,
Combien j'aime à pouvoir causer,
Quand c'est avec toi que je cause ;
Sans crainte nous pouvons causer,
Ton père est éloigné pour cause,
Et s'il nous surprend à causer,
L'amour plaidera notre cause.

SCÈNE XIV.
LES PRÉCÉDENS. ANODIN.

CÉLESTINE.

Mon père ! juste Ciel.

ST.-FIRMIN.

Ne te trouble pas.   *Il feint de ne pas voir Anodin,*

Air *de la Fanfare de St.-Cloud.*

Péré qui veut en ménage,
Le bonheur de ses enfans,
Doit avant le mariage,
Assortir leurs sentimens;
C'est ainsi qu'un peintre habile,
Qui veut marier des fleurs,
Ne prend qu'un soin inutile,
S'il n'assortit ses couleurs.

ANODIN.

Dites donc, monsieur le peintre, plus de travail et moins de réflexions.

ST.-FIRMIN.

Mes avis vous seroient pourtant plus utiles que mon enseigne.

ANODIN.

Comment.

ST.-FIRMIN.

Air *du vaudeville de l'Opéra-Comique.*

Dans votre comptoir chaque jour
Placez votre charmante fille,
Les chalans viendront tour-à-tour,
Près de marchande si gentille;
De la rencontrer toujours là,
Ne craignez pas que l'on se plaigne :
Un minois comme celui-là
Vaut la meilleure enseigne.

ANODIN.

Comment diable ! mais il est galant ce peintre-là , très-galant par ma foi.

SCÈNE XV.

Les Précédens. SERINGA.

SERINGA *à part en entrant.*

M. Anodin y est; je ne crains rien. (*Haut.*) Ah ! çà , mais je pense à une chose ; puisque vous peignez si bien des cornues et des cruches , faites mon portrait pour Mlle. Célestine.

ST.-FIRMIN.

Avec cinq ou six coups de pinceau, je me charge de t'arranger la figure.

C

ANODIN.

Air : *Trouver le bonheur en famille.*

Feriez-vous aussi mon portrait !

ST.-FIRMIN.

De vous attraper je me flatte.

ANODIN.

J'y voudrois voir mon perroquet ,
Mon singe, ma chiennne et ma chatte.

ST.-FIRMIN.

De cela je n'oublierai rien :
Aux détails mon adresse brille,
Vous verrez que je m'entends bien,
A faire un tableau de famille.

SERINGA.

Malgré çà , c'est dommage que vous ne sachiez pas si bien peindre les arbres.

ST.-FIRMIN.

Comment !

SERINGA.

Vous en avez fait là un qui ressemble à un mat de cocague ; d'ailleurs...

ST.-FIRMIN.

M. Seringa , laissez-moi faire ma besogne.

ANODIN.

Il a raison ; achève de piler tes juleps.

SERINGA.

C'est bon... (*Après avoir regarde dans le mortier*). Par Saint-Côme , qu'est-ce que j'ai vu là !

ANODIN.

Qu'as-tu donc ?

SERINGA (*à Saint-Firmin qu'il prend pour Brossart.*

Ah ! mauvais plaisant, nous allons t'apprendre à mêler tes drogues avec les nôtres.

ST.-FIRMIN.

Que veut-il dire ?

ANODIN, *y regardant.*

Bon Dieu ! quelle étrange mixtion !

SERINGA.

Portez donc çà aux malades !

ANODIN.

Monsieur le peintre , venez un peu.

ST.-FIRMIN (*à part*).

S'ils me voient en face, je suis perdu.

SERINGA, *derrière Anodin.*

Allons, descends.

ANODIN.

Oui, sachons un peu...

ST. - FIRMIN.

Je suis à vous. (*A part, en descendant*). C'est un mauvais pas dont il faut sortir par un coup d'éclat.

(*Il donne un coup de poing à Seringa, qui veut le retenir, et se sauve. Seringa tombe dans les bras d'Anodin*).

SCÈNE XVI.
ANODIN, SERINGA.

SERINGA,

Quel coup !

ANODIN.

T'a-t-il fait mal ?

SERINGA.

Oh ! le soufflet n'est rien, on n'en meurt pas ; ce sont les suites qui me font trembler.

AIR : *Vous m'ordonnez de la brûler.*

Des devoirs que prescrit l'honneur,
On ne doit rien rabattre ;
Sans avoir beaucoup de valeur,
Je veux, je dois me battre ;
A mon cœur la vengeance plaît :
Ma méthode est connue,
Et quand on me donne un soufflet,
Il faut que l'on me tue.

ANODIN.

Tu as raison.... ; mais ce n'est pas un soufflet qu'il t'a donné.

SERINGA.

Vrai ?

ANODIN.

La main étoit fermée.

SERINGA.

Elle étoit fermée !

ANODIN.

Foi d'apothicaire.

SERINGA.

Père Anodin, vous me rendez la vie : on n'est pas obligé de se battre pour un coup de poing.

ANODIN.

Non, assurément.

SERINGA.

Et j'en serai quitte pour le rendre.

ANODIN.

Ou pour le garder.

(*Ici l'orchestre exécute les deux ou trois premières mesures de dies iræ*).

SCÈNE XVII.

Les Précédens. **BROSSART**, *en médecin.*

SERINGA.

Un habit noir, c'est sans doute le docteur Requiem ; vous êtes dans un bel état pour le recevoir.

ANODIN.

Attends, attends. (*Il jette son bonnet et prend la perruque de Seringa*).

SERINGA.

Me voilà rasé.   (*Il se sauve dans la boutique*).

SCÈNE XVIII.

ANODIN, BROSSART (*Il est ivre*).

(*Pendant qu'ils s'abordent avec force saluts, l'orchestre joue le* Dies iræ).

AIR : *de la Découpure.*

ANODIN.

Serviteur
Au savant docteur.

BROSSART.

Salut au confrère,
Très-illustre Apothicaire,

ENSEMBLE.

Du quartier vous êtes l'honneur,
Et de la santé le vrai restaurateur.
Ordonnons
Et saignons
Et purgeons fort,
Chassons de la ville
La toux, la fievre et la bile.
Ordonnons
Et saignons
Et purgeons fort.

BROSSART. Oui, je veux saigner } morbleu! jusqu'à la mort!
ANODIN. Oui, je veux purger }

SCÈNE XIX.

Les Précédens, SAINT-FIRMIN, *toujours vêtu en peintre et faisant semblant de travailler.*

St.-Firmin, *à part, entrant en arrière pour n'être pas vu.*

Bon, voilà mon drôle, voyons s'il parle de mon affaire.

BROSSART.

Savez-vous, docteur, qu'il n'étoit pas du tout mauvais pour du vin à quinze.

ANODIN.

Comment dites-vous ?

St. - Firmin, *à part.*

Oh ! le coquin, il aura achevé les six bouteilles. (*A Brossart tout bas*). Malheureux, tu vas tout perdre.

BROSSART, *à Saint-Firmin.*

Paix, mon neveu.

ANODIN.

Voilà un docteur qui me paroît un peu échauffé.

St. - Firmin.

Parle donc de la lettre.

BROSSART.

Eh ! bien, docteur, comment trouvez-vous mon style ? heim ?

ANODIN.

Je suis flatté de votre lettre ; flatté, véritablement, on ne peut davantage.

BROSSART.

Je le crois bien, c'étoit du vrai Mâcon.

ANODIN.

Comment, docteur, du Mâcon ! ne vous trompez-vous pas ?

St. - Firmin, *bas, à Brossart.*

Coquin, je vais t'assommer.

BROSSART.

Ah çà ! voisin, ma proposition vous convient-elle, oui ou non ! Décidez-vous, parce que je n'aime pas à rester le bec dans l'eau.

ANODIN.

C'est ce qu'il me semble. Ah çà ! permettez donc, docteur, avant de parler d'affaires avec vous, je désirerois savoir si c'est par hazard ou par habitude que vous vous êtes mis aujourd'hui dans un pareil état.

BROSSART.

Soyez tranquille, papa, mes malades ne se plaignent jamais

de moi ; j'ai la confiance de tous les marchands-de-vin du
Pont-aux-Choux , et nous ferons de jolies affaires ensemble.

Air : *du Panorama.*

Vous avez de l'intelligence,
Je suis adroit je suis actif ;
Je ferai plus d'une ordonnance,
Vous ferez plus d'un purgatif,
Par tous les états à la file,
Je vois mon comptoir assiégé,
Si nous purgeons dans cette ville
Tout ce qui doit être purgé.

ANODIN.

Il est facétieux , le docteur.

BROSSART.

Allons, c'est dit , je tirerai mes ordonnances à vue sur
votre cabaret.

ANODIN.

Mon cabaret !

BROSSART.

Et vous me fournirez du bon , parce que mon intention
n'est pas de faire souffrir long-temps mes malades.

ANODIN.

Soyez tranquille , il ne languiront pas plus long-temps
avec mes drogues qu'avec celles de mes confreres. (*à part*)
L'ivrogne ! s'il n'étoit pas aussi bien dans le cas de donner
un débouché à ma pharmacie !

BROSSART.

Qu'est-ce que vous dites donc là tout seul père à la rhubarbe ? vous avez quelque bouteille à déboucher ?

ANODIN.

Non, je réfléchissois, docteur, que vu, le peu d'équilibre
de votre situation actuelle , nous devrions remettre à demain
à discuter les conditions de notre association.

St.-FIRMIN.

Tu vois, misérable !

BROSSART.

A demain ! oh que non ; mon neveu me feroit un beau
train, vraiment.

ANODIN.

Votre neveu !

BROSSART.

Un jeune et joli garçon, par ma foi, étudiant en médecine,
et qui vous donnera furieusement de pratiques, car il fait
joliment boire.... ses malades.

ANODIN.

Qu'à de commun votre neveu...

BROSSART.

Rien avec vous, ni avec moi; mais avec votre fille, dont il est amoureux en diable, et que vous allez lui faire épouser; sans quoi, rien de fait. (*Bas à St.-Firmin*) C'est tapé, j'espère.

ANODIN.

Tu dieu, docteur, comme vous allez vîte en besogne.

BROSSART.

Il est vrai que je vais droit mon chemin. Ainsi, vous voyez, c'est à prendre ou à laisser. Mon neveu est d'un bon cru, et je n'aurai pas de peine à m'en défaire. D'ailleurs, il apporte une assez jolie dot. Toute sa fortune est en maladies, et c'est d'un revenu sûr, papa.

Air : *Daignez m'épargner le reste.*
Pour sa dot je lui donnerai,
Fièvre, catharre, hydropisie;
Colique de miserere,
Migraine, éthisie, et phthisie,
Il a de plus pour s'enrichir,
Le scorbut, la grippe et la peste.
En un mot il peut vous offrir
Les maux qui font le plus souffrir.

ANODIN.

Vous pouvez garder le reste.

BROSSART.

Avec çà, vous voyez qu'il trouvera plus d'un bon parti.

ANODIN.

Et croyez-vous que la dot de Mlle. Anodin soit plus à dédaigner !

Même air.
Ma fille apporte quinquina,
Manne, séné, jus de réglisse,
Rhubarbe, ipécacuhana,
OEil de perdrix et d'écrevisse,
Tout ce qui sort de l'alambic,
De meilleur ou de plus funeste,
Syrops, pillules, fiel d'aspic,
Vert-de-gris, ciguë, arsenic.

BROSSART.

Je vous fait présent du reste.

ANODIN.

J'espère que c'est un joli trousseau.

BROSSART.

Vous voyez donc bien qu'ils sont faits l'un pour l'autre.

ANODIN.
Mais effectivement.

BROSSART.
Allons donc.

ANODIN.
Va comme il est dit, marions, par extraordinaire, le remède à la maladie ; cela fera un mariage bien assorti : que votre neveu épouse ma fille. Il est vrai que je l'ai promise à Seringa, et qu'elle aime St.-Firmin ; mais c'est égal.

SCÈNE XX.

Les Précédens, CELESTINE, SERINGA.

BROSSARD, *appercevant Célestine.*
Je suis persuadé que mademoiselle aimera mieux un luron comme mon neveu.

CÉLESTINE.
Si mon père l'ordonne.

SERINGA, *s'élançant avec fureur.*
Votre père ne peut pas vous ordonner une chose comme ça ; j'ai sa parole.

BROSSART.
Quel est ce nigaud !

ANODIN.
C'est mon élève, monsieur.

BROSSART.
Il est bien mal élevé... Il a l'air d'un garçon *bouché.*

SERINGA.
Comment, d'un garçon boucher.... Monsieur, je suis garçon apothicaire.

BROSSART.
Oui, il a l'air bouché comme une bouteille de vin de Bordeaux.

SCÈNE XXI ET DERNIÈRE.

Les Précédens, REQUIEM, SAINT-FIRMIN.

REQUIEM, *à part, en entrant.*
Si mon coquin de neveu savoit la démarche que je fais aujourd'hui pour lui.

ST.-FIRMIN, *l'appercevant.*
Mon oncle ! en voici bien d'une autre !

(25)

BROSSART , *se retournant présente Requiem , croyant*
présenter Saint-Firmin.

Venez , petit espiègle , embrassez votre beau‑père.....
Tiens , à qui donc cette face lugubre là ?

SERINGA.

Ah ! qu'il est gentil son neveu , qu'il est gentil ; mam‑
zelle Célestine , je vous en fais mon compliment.

REQUIEM.

Lequel de vous se nomme Anodin ?

ANODIN.

C'est moi , monsieur.

REQUIEM.

Moi , monsieur , je me nomme Requiem.

ANODIN.

Aussi ?

BROSSART , *à part.*

De l'effronterie. (*A Requiem*) Et moi , monsieur , com‑
ment m'appellerai-je , s'il vous plait ?

REQUIEM , *toujours avec flegme.*

J'ai reçu ce matin une lettre de monsieur.

BROSSART.

Et moi aussi.

REQUIEM.

J'y ai répondu.

BROSSART.

Et moi aussi.

REQUIEM.

J'ai promis de venir...

BROSSART.

Et moi , je suis venu tout droit...

REQUIEM.

Traiter d'une affaire importante.

BROSSART.

Et moi aussi.

REQUIEM.

Il s'agit de mon neveu.

BROSSART.

Il s'agit du mien.

REQUIEM.

Un assez mauvais sujet.

BROSSART.

Comme le mien.

D

REQUIEM.

Apprentif médecin.

BROSSART.

Comme le mien.

REQUIEM.

Et deplus, amoureux de Mlle. Célestine.

BROSSART.

C'est encore comme le mien.

ANODIN.

Et moi aussi... et moi aussi... c'est le mien... Expliquons-
nous ; je n'ai écrit qu'une lettre.

BROSSART.

C'est à moi.

ANODIN.

Et voici la réponse.

REQUIEM et BROSSART.

Air ; *Des Drapeaux.*

Cet écrit
Que j'ai souscrit
Est une preuve certaine.

ANODIN.

Vous m'avez, oui, je le vois,
Ecrit tous deux à la fois.

REQUIEM et BROSSART.

Pour d'autre je n'écris pas,
Ma lettre n'est pas la sienne.

ANODIN.

De l'un des deux dans ce cas
Il faut que la lettre vienne.

REQUIEM.

C'est la mienne.

BROSSART.

C'est la mienne.

ENSEMBLE.

REQUIEM et BROSSART.	ANODIN.
Cet écrit	Cet écrit
Que j'ai souscrit	Par vous souscrit,
Offre la preuve certaine	Ici me met fort en peine,
Que j'étois jaloux d'avoir	Car je ne puis plus savoir
Ce soir l'honneur de vous voir.	Lequel des deux vient me voir,

CELESTINE et ST.-FIRMIN.

Cet écrit,
Sans contredit,
Va redoubler notre peine ;
Faut-il donc perdre l'espoir
De nous voir unis ce soir.

A N O D I N.

Qu'est-ce que tout ça ?

S E R I N G A.

C'est clair , ce sont deux fripons. (*Chacun d'eux lui donne un soufflet*). Vous êtes bien heureux...d'être médecins.

R E Q U I E M , *à Anodin.*

Oui , c'est moi qui ai reçu votre lettre que voici (*il la montre*), et je viens vous proposer une association et un mariage.

St. **– F I R M I N ,** *à part.*

Que veut-il dire ?

A N O D I N.

C'est aussi ce dont monsieur...

R E Q U I E M.

Un mien neveu qui résistoit à mes volontés depuis long-tems , les ayant enfin suivies , je viens à son inçu demander pour lui la main de votre aimable fille.

St. **– F I R M I N ,** *à part.*

Est-il possible !

B R O S S A R T.

Elle est promise au mien.

A N O D I N.

Deux neveux ! eh ! messieurs !...

Air : *Il faut quitter ce que j'adore.*
Les voir tous deux dans ma famille,
Seroit un plaisir ravissant ;
Mais hélas ! je n'ai qu'une fille
Le choix est fort embarassant.

C É L E S T I N E.
Eh ! quel embarras est le votre !
Pour ne point faire un malheureux,
Je les épouse l'un et l'autre.

St. **– F I R M I N ,** *jetant sa casaque.*
Et vous les voyez tous les deux.

S E R I N G A.

Le peintre !

A N O D I N.

C'est Saint-Firmin.

St. **– F I R M I N ,** *montrant Brossart.*
Et voici celui dont j'avois pris la place.

R E Q U I E M.

Et comment te trouves-tu là ?

St. **– F I R M I N.**

Vous saurez tout.

REQUIEM, *à Brossart.*

Quoi ! vous n'êtes pas médecin ?

BROSSART.

En voilà un, c'est bien assez.

SERINGA.

Ah ! M.Anodin, comme on vous a joué.

ANODIN.

C'est vrai, l'on m'a joué, et je devrois...

ST.-FIRMIN.

Mais ce n'est pas vous qu'on a joué, c'est Seringa.

ANODIN.

Mais, oui, dans le fait ; je ne m'en dédirai pas.

ST.-FIRMIN.

Bravo !

SERINGA.

Ah çà, du moins, je veux savoir qu'est-ce qui m'a donné...

ST.-FIRMIN, BROSSART, REQUIEM.

C'est moi.

ANODIN.

Il n'y a plus que moi qui reste ton débiteur ; je m'ac-
quitterai quand tu voudras.

SERINGA.

Laissez-moi ; j'ai de l'humeur.

BROSSART.

Eh ! bien, mon ami, on te purgera.

VAUDEVILLE.

Air : *Tenez moi , je suis un bon homme* (d'Ida).

ANODIN.

Prends ma fille , je te la cède,
Et si tu perds un jour son cœur,
Je puis te donner un remède,
L'esprit fait aussi le bonheur.
D'esprit je te garde une dose,
Esprit de souffre, esprit de vin,
Esprit d'oseille , esprit de rose ,
J'ai de l'esprit en magasin.

BROSSART.

Votre état ne sauroit me plaire,
Et je vous donne ici ma foi,
Que jamais un apothicaire
Ne fera fortune avec moi ;
Je n'use guère de rhubarbe,
Mais si vous vendiez de bon vin,
Aujourd'hui même , à votre barbe,
J'épuiserois le magasin.

ST.-FIRMIN.

Damis a fait plus d'uu ouvrage,
Sans avoir une idée à lui;
Chaque jour, il met en usage
Et l'esprit et les vers d'autrui;
Piron lui prète un hémistiche,
A Favart il prend ses refrains;
Damis est l'auteur le plus riche,
Il a partout des magasins.

REQUIEM.

A Paris souvent on rencontre
La laideur près de la beauté,
La richesse altière se montre
Auprès de l'humble pauvreté;
Les Lays auprès des novices,
L'honnête homme avec l'aigrefin,
Enfin des vertus et des vices,
Paris est le grand magasin.

CÉLESTINE.

Que de papier, d'encre et de plumes
On use à faire des romans,
Un jour en produit vingt volumes,
Qu'ils sont affreux! qu'ils sont charmans!
On frémit à toutes les pages,
Tout le monde meurt à la fin;
Ah! ce sont d'excellents ouvrages,
Pour rester dans le magasin.

SERINGA, *au Public*.

Ne pouvant pas, dans ma boutique,
Au public vendre la santé,
Pour vous attirer, je m'applique
A vous vendre de la gaîté;
Daignez, messieurs, me mettre en vogue,
Songez qu'il faudroit dès demain,
Si l'on ne voulois plus de drogue,
Fermer plus d'un grand magasin.

De l'Imprimerie de HOCQUET et Comp., rue St.-Lazare, N°. 110,
Maison Ruggiéri.